Technical Guide for Emulsified Asphalt Central Plant Cold Recycling of Highway Asphalt Pavement in Shaanxi Provience

陕西省沥青路面乳化沥青厂拌冷再生技术指南

陕西省公路局
西安公路研究院　编著
渭南公路管理局

人民交通出版社股份有限公司
China Communications Press Co.,Ltd.

图书在版编目（CIP）数据

陕西省沥青路面乳化沥青厂拌冷再生技术指南 / 陕西省公路局等编著 . —北京 ：人民交通出版社股份有限公司，2018. 7

ISBN 978-7-114-14801-9

Ⅰ. ①陕… Ⅱ. ①陕… Ⅲ. ①沥青路面—乳化沥青—陕西—指南 Ⅳ. ①U416. 217-62

中国版本图书馆 CIP 数据核字（2018）第 124315 号

书　　名：**陕西省沥青路面乳化沥青厂拌冷再生技术指南**
著 作 者：陕西省公路局
西安公路研究院
渭南公路管理局
责任编辑：石　遥
责任校对：刘　芹
责任印制：张　凯
出版发行：人民交通出版社股份有限公司
地　　址：（100011）北京市朝阳区安定门外外馆斜街 3 号
网　　址：http：//www. ccpress. com. cn
销售电话：（010）59757973
总 经 销：人民交通出版社股份有限公司发行部
经　　销：各地新华书店
印　　刷：北京市密东印刷有限公司
开　　本：880 × 1230　1/16
印　　张：2. 75
字　　数：54 千
版　　次：2018 年 7 月　第 1 版
印　　次：2018 年 7 月　第 1 次印刷
书　　号：ISBN 978-7-114-14801-9
定　　价：40. 00 元

前　言

乳化沥青厂拌冷再生是指将回收沥青路面材料运至拌和厂（场、站），经破碎、筛分，以一定的比例与新集料（如需要）、乳化沥青、活性填料和水，在常温下进行拌和、摊铺和碾压，形成路面结构层的一项沥青路面再生技术。

沥青路面再生是一种高节能、低排放、环保型技术，可有效降低新石料与新沥青的使用，加大废旧材料的循环利用，解决废弃材料堆置占用土地的问题，保护环境，节约资源，降低工程造价。近年来，随着国家和社会对环保要求认识的不断提升，沥青路面再生利用越来越受到行业的重视。陕西省作为西部大开发前沿，“一带一路”规划的中心区域，积极响应国家大力倡导的可持续发展战略，积极推动沥青路面再生技术在省内的推广应用。

目前全省许多在役公路已不满足路用性能要求，逐渐进入大、中修期。采用乳化沥青厂拌冷再生方法，通过合理的再生设计、施工，可以弥补原路面材料的缺陷，改造原有路面的结构，提高路面使用性能，延长路面服务年限。由于乳化沥青厂拌冷再生技术适用性广、经济性强，具有显著的经济效益和环保效应，其应用必将成为全省公路建设和养护发展的新方向。

本指南是在借鉴和总结国内外相关应用经验和研究成果的基础上编写而成，分 8 章、2 个附录，主要包括：原沥青路面调查与评价，RAP 回收、预处理及取样，材料，配合比设计，施工，施工质量管理与检查验收，RAP 试验评价，乳化沥青厂拌冷再生配合比设计应用实例等。

作　者

2018 年 6 月 1 日

目　录

1　总则

1.0.1　为了指导陕西省公路沥青路面乳化沥青厂拌冷再生的设计、施工、质量控制和试验检测，制定本指南。

1.0.2　乳化沥青厂拌冷再生主要用于高速及一级公路的中、下面层和基层，以及二级及二级以下公路沥青路面下面层。

1.0.3　乳化沥青厂拌冷再生应在日平均气温10℃以上进行施工，且不得在雨天施工。

1.0.4　本指南未涉及的内容应符合国家和行业颁布的各有关标准、规范的规定。

2 术语、符号

2.1 术语

2.1.1 回收沥青路面材料 Reclaimed Asphalt Pavement（RAP）

采用铣刨、开挖等方式从沥青路面上获得的旧沥青混合料。

2.1.2 沥青路面再生 Asphalt Pavement Recycling

采用专用机械设备对旧沥青路面或者回收沥青路面材料（RAP）进行处理，并掺加一定比例的新集料、新沥青、再生剂（必要时）等形成路面结构层的技术。按照再生混合料拌制和施工温度的不同，沥青路面再生可以分为热再生和冷再生；按照施工现场和工艺的不同，沥青路面再生可以分为厂拌再生和就地再生。

2.1.3 乳化沥青 Emulsified Bitumen , Emulsified Asphalt

石油沥青与水在乳化剂、稳定剂等的作用下，经乳化加工制得的均匀沥青产品。

2.1.4 乳化沥青厂拌冷再生 Emulsified Asphalt Central Plant Cold Recycling

将回收沥青路面材料（RAP）运至拌和厂（场、站），经破碎、筛分，以一定的比例与新集料、乳化沥青、活性填料（水泥、石灰等）、水进行常温拌和，常温铺筑形成路面结构层的沥青路面再生技术。

2.1.5 乳化沥青冷再生混合料 Emulsified Asphalt Cold Recycled Mixture

乳化沥青作为主要结合料，与回收沥青路面材料（RAP）及新掺加集料等在常温下均匀拌和后形成的混合料。

2.1.6 乳化沥青冷再生混合料含水率 Water Content of Emulsified Asphalt Cold Recycled Mixture

冷再生混合料中的水与干燥固体质量的百分比。其中水包括乳化沥青中的水、外加水、集料和回收沥青路面材料（RAP）中的水；干燥固体包括集料、回收沥青路面材料（RAP）、乳化沥青中的沥青、水泥、石灰等。

2.2 符号及代号

本指南各种符号、代号及意义见表2.2。

表2.2 符号、代号及意义

编号	符号或代号	意　义
2.2.1	RAP	回收沥青路面材料
2.2.2	TSR	冻融劈裂强度比
2.2.3	PCI	路面状况指数
2.2.4	IRI	国际平整度指数
2.2.5	SSI	路面强度系数

3 原沥青路面调查与评价

3.1 一般规定

3.1.1 沥青路面乳化沥青厂拌冷再生工程实施前，应对原路面建养历史、技术状况、交通量、工程经济等方面进行调查和综合分析，为再生混合料组成设计和路面结构设计提供依据。

3.1.2 原路面调查内容应完整，需进行系统分析和准确评价。

3.2 原路面历史资料调查

3.2.1 收集原路面设计资料、竣工资料等，一般包括修建年代、通车年限、原路面结构、材料组成等方面资料。

3.2.2 收集原路面使用期间的路面病害、日常维修和大中修的技术方案等资料，结合施工、竣工等资料分析病害成因。

3.3 原路面状况调查与评价

3.3.1 原路面状况调查与评价内容一般包括：路面状况指数 PCI、国际平整度指数 IRI、路面强度系数 SSI、车辙深度、下承层承载能力、原路面结构厚度。

3.3.2 通过对原路面状况的调查、原路面材料试验（按附录 A 方法进行）、路面病害成因分析，为再生设计提供依据。

3.4 交通量调查

3.4.1 调查内容应包括：交通量大小、交通组成、轴载情况等。

3.4.2 通过交通量调查，为乳化沥青厂拌冷再生施工过程的交通组织方案设计提供依据。如果交通量较大，应考虑在施工过程中采用车辆分流措施；无法分流车辆的，应有针对性地进行施工组织设计。

3.5 技术经济性分析

3.5.1 对可能采用的不同路面维修方法，应进行综合技术经济对比分析，分析各种方法使用年限内的综合成本，包括路面维修成本、养护成本、路面残值等。

4 RAP 回收、预处理及取样

4.1 RAP 回收

4.1.1 RAP 的回收可选用冷铣刨、机械开挖等方式。选用冷铣刨时，应事先确定铣刨速度、深度等铣刨参数，必要时通过试验段确定铣刨参数。在施工过程中保持铣刨参数的稳定，严格控制材料变异。

4.1.2 施工前先根据要求确定铣刨范围，再实地放出铣刨线样。在需铣刨路段的一端按顺序进行铣刨，铣刨尽量一次完成，中间除特殊原因外不得停顿。

4.2 RAP 预处理

4.2.1 RAP 材料的破碎

冷铣刨后得到的 RAP 中有少量体积过大的料块需要破碎时，破碎设备应配置反击式或锤式破碎机，破碎过程应使 RAP 充分分散，避免将集料压碎产生过多的细集料。

4.2.2 RAP 的粒径分级

1 RAP 应进行预分级处理，不允许将未经预处理的回收沥青路面材料用于生产冷再生沥青混合料。

2 RAP 宜按粒径分为 2 级。对于粗粒式或中粒式 RAP，宜采用9.5mm 筛孔作为分界筛孔。

4.2.3 RAP 成品料的储存

1 存放 RAP 的场地应平整坚实，必要时应作硬化处理。场地应设置能够向外侧排水的坡度。拌和站应设置带有防雨棚的储料仓。储料仓应有足够的容积，数量应满足不同规格、不同性质的成品 RAP，并满足机械装卸作业的空间需求。

2 经过分级预处理的 RAP 应分批次存放。同一粒级、回收沥青针入度（或黏度）指标检验结果接近的为一批。分堆存放时不得有窜料混堆现象发生。每一料堆或料仓应设立标示牌，标明材料名称、编号、最大粒径、油石比（或沥青含量）、回收沥青针入度等内容。RAP 料堆高度不宜超过 3m。

4.3 RAP 取样

4.3.1 现场取样

现场取样适用于厂拌冷再生工程的前期调查和混合料设计用 RAP 的获取。现场取样频率和方法如下：

1 分析路面结构和路面维修记录，根据路面情况是否相同或者接近将全部施工路段划分为若干个子路段，每个子路段长度不宜大于 5 000m 且不宜小于 500m，或者每个子路段面积不宜大于 50 000m^2 且不宜小于 5 000m^2。

2 按照《公路路基路面现场测试规程》（JTG E60—2008）附录 A 公路路基路面现场测试随机选点方法确定取样点位置。

3 每个子路段取样断面数不少于 8 个，可采用铣刨机铣刨、钻芯取样、机械切割等方法，钻芯取样时每个取样断面钻芯不少于 3 个；钻取的芯样和机械切割的样品，在室内击碎至最大粒径不超过 37.5mm 后使用。

4.3.2 拌和场料堆取样

1 拌和场料堆取样适用于厂拌冷再生工程的前期调查，以及混合料设计用 RAP 的获取。

2 取样方法参照《公路工程集料试验规程》（JTG E42—2005）粗集料料堆取样法，取样前应去除表面 15 ~ 25cm 深度范围内的 RAP。

4.3.3 取样数量

取样数量主要取决于取样目的，每个样品取样数量不应小于 10kg。

4.3.4 样品存放

试样应存放在干净、干燥、阴凉处，注意防止试样污染或相互混杂。装有试样的袋子口应捆绑好，并在其上标明试样级配类型、取样日期、层位和桩号等信息。

5 材料

5.1 一般规定

5.1.1 厂拌冷再生混合料使用的各种材料运至现场后应进行质量检验，经评定合格后方可使用，不得以供应商提供的检测报告或商检报告代替现场检测。

5.1.2 集料的选择必须经过认真的料源调查，确定料源应尽可能就地取材。

5.1.3 各种材料应设置标示牌，标示内容应包括材料名称、岩性、规格、用途、产地等。

5.2 乳化沥青

5.2.1 可采用乳化沥青或改性乳化沥青作为乳化沥青厂拌冷再生混合料的结合料。宜采用 A－90 或 A－70 道路石油沥青加工乳化沥青或改性乳化沥青，道路石油沥青技术指标应满足《公路沥青路面施工技术规范》（JTG F40—2004）的相关规定。

5.2.2 厂拌冷再生使用的乳化沥青材料性能应满足表 5.2.2-1 的质量要求，改性乳化沥青材料性能应满足表 5.2.2-2 的质量要求。

表 5.2.2-1 冷再生用乳化沥青质量要求

试验项目		单位	质量要求	试验方法
破乳速度		—	慢裂	T 0658
粒子电荷		—	阳离子（+）	T 0653
筛上残留物（1.18mm 筛），不大于		%	0.1	T 0652
黏度[1]	恩格拉黏度 E_{25}	—	2～30	T 0622
	道路标准黏度 $C_{25.3}$	s	10～60	T 0621
蒸发残留物	含量，不小于	%	62	T 0651
	溶解度，不小于	%	97.5	T 0607
	针入度（100g，25℃，5s）	0.1mm	45～150	T 0604
	延度（15℃），不小于	cm	40	T 0605

续上表

试验项目		单位	质量要求	试验方法
与粗集料的黏附性，裹附面积，不小于		—	2/3	T 0654
与粗、细粒式集料拌和试验		—	均匀	T 0659
储存稳定性	1d，不大于	%	1	T 0655
	5d，不大于	%	5	

注：[1] 恩格拉黏度和赛波特黏度指标任选其一检测。有争议时以恩格拉黏度为准。

表 5.2.2-2　冷再生用改性乳化沥青质量要求

试验项目		单位	质量要求	试验方法
破乳速度		—	慢裂	T 0658
可拌和时间，不小于		s	120	T 0757
破乳时间，不大于		min	45	T 0753
粒子电荷		—	阳离子（+）	T 0653
筛上剩余量（1.18mm 筛），不大于		%	0.1	T 0652
黏度	恩格拉黏度 E_{25}	—	3 ~ 30	T 0622
	沥青标准黏度 $C_{25.3}$	s	12 ~ 60	T 0621
蒸发残留物	含量，不小于	%	62	T 0651
	针入度（100g，25℃，5s）	0.1mm	45 ~ 120	T 0604
	软化点，不小于	℃	53	T 0606
	延度（5℃），不小于	cm	20	T 0605
	溶解度，不小于	%	97.5	T 0607
储存稳定性	1d，不大于	%	1	T 0655
	5d，不大于	%	5	T 0655

5.2.3　乳化沥青或改性乳化沥青宜在常温下使用。当现生产现用时，乳化沥青或改性乳化沥青温度不应高于 60℃。

5.3　粗集料

5.3.1　用于再生沥青混合料的新集料必须有固定的料源，其规格、级配、岩性须稳定。集料形状接近立方体，洁净、干燥、无风化、无杂质。

5.3.2　粗集料储存堆放时应明确标识，不得混杂。

5.3.3　拌和场地应做好排水、扬尘处理，确保材料堆放洁净、干燥。

5.3.4 粗集料各项技术指标应符合表5.3.4的规定。

表5.3.4 粗集料质量技术要求

<table>
<tr><th colspan="2" rowspan="2">技术指标</th><th rowspan="2">单位</th><th colspan="2">技术要求</th><th rowspan="2">试验方法</th></tr>
<tr><th>高速公路、一级公路</th><th>二级及二级以下公路</th></tr>
<tr><td colspan="2">表观相对密度</td><td>—</td><td>≥2.50</td><td>≥2.45</td><td>T 0304</td></tr>
<tr><td colspan="2">压碎值</td><td>%</td><td>≤24</td><td>≤30</td><td>T 0316</td></tr>
<tr><td colspan="2">坚固性</td><td>%</td><td>≤12</td><td>—</td><td>T 0314</td></tr>
<tr><td colspan="2">洛杉矶磨耗损失</td><td>%</td><td>≤30</td><td>≤35</td><td>T 0317</td></tr>
<tr><td colspan="2">吸水率</td><td>%</td><td>≤3.0</td><td>≤3.0</td><td>T 0304</td></tr>
<tr><td rowspan="3">针片状颗粒含量</td><td>混合料</td><td>%</td><td>≤15</td><td>≤20</td><td rowspan="3">T 0312</td></tr>
<tr><td>其中粒径大于9.5mm</td><td>%</td><td>≤12</td><td>—</td></tr>
<tr><td>其中粒径小于9.5mm</td><td>%</td><td>≤18</td><td>—</td></tr>
<tr><td colspan="2">与沥青的黏附性</td><td>级</td><td>4</td><td>4</td><td>T 0616</td></tr>
<tr><td colspan="2">水洗法 < 0.075mm 颗粒含量</td><td>%</td><td>≤1.0</td><td>≤1.0</td><td>T 0310</td></tr>
<tr><td colspan="2">软石含量</td><td>%</td><td>≤3</td><td>≤5</td><td>T 0320</td></tr>
</table>

5.4 细集料

5.4.1 细集料宜采用石灰岩碎石加工生产的石屑或机制砂。细集料应洁净、干燥、无风化、无杂物，且有适当的颗粒级配。细集料规格及技术指标要求见表5.4.1-1和表5.4.1-2。

表5.4.1-1 细集料规格要求

规格	水洗法通过下列各筛孔（mm）的质量百分率（%）							
	9.5	4.75	2.36	1.18	0.6	0.3	0.15	0.075
石屑	100	90~100	60~90	40~75	20~55	7~40	2~20	0~10
机制砂	—	100	80~100	50~80	25~60	8~45	0~25	0~15

表5.4.1-2 细集料质量技术要求

<table>
<tr><th rowspan="2">技术指标</th><th rowspan="2">单位</th><th colspan="2">技术要求</th><th rowspan="2">试验方法</th></tr>
<tr><th>高速公路、一级公路</th><th>二级及二级以下公路</th></tr>
<tr><td>表观相对密度</td><td>g/cm^3</td><td>≥2.50</td><td>≥2.45</td><td>T 0328</td></tr>
<tr><td>坚固性（>0.3mm 部分）</td><td>%</td><td>≤12</td><td>—</td><td>T 0340</td></tr>
<tr><td>砂当量</td><td>%</td><td colspan="2">≥60</td><td>T 0334</td></tr>
<tr><td>棱角性（流动时间）</td><td>s</td><td>≥30</td><td>—</td><td>T 0345</td></tr>
</table>

5.4.2 细集料堆放时，必须严密覆盖或搭棚保护，防止雨淋与二次污染。

5.5　水泥

5.5.1　应采用普通硅酸盐水泥、复合硅酸盐水泥、矿渣硅酸盐水泥、火山灰质硅酸盐水泥，不得使用快硬水泥、早强水泥。

5.5.2　水泥强度等级宜为32.5或42.5级，技术指标应符合表5.5.2的要求。

表5.5.2　水泥质量技术要求

检验项目		单位	技术要求		试验方法
			32.5级	42.5级	
比表面积		m^2/kg	≥300		GB/T 8074
凝结时间（标准法）	初凝时间	min	>240		GB/T 1346
	终凝时间	min	>360且<600		GB/T 1346
安定性（标准法）		—	≤5.0		GB/T 1346
标准稠度		%	实测		GB/T 1346
烧失量		%	≤5.0		GB/T 176
氧化镁含量		%	≤5.0		GB/T 176
三氧化硫含量		%	≤3.5		GB/T 176
碱含量		%	≤0.6		GB/T 176
氯离子含量		%	≤0.06		JC/T 420
抗折强度	3d	MPa	≥2.5	≥3.5	GB/T 17671
	28d	MPa	≥5.5	≥6.5	GB/T 17671
抗压强度	3d	MPa	≥10.0	≥15.0	GB/T 17671
	28d	MPa	≥32.5	≥42.5	GB/T 17671

5.5.3　散装水泥出炉后应停放7d以上，安定性合格后才能使用。夏季高温作业时，散装水泥入罐温度不能高于50℃。

5.6　水

5.6.1　饮用水可直接用于生产乳化沥青及冷再生混合料。

5.6.2　非饮用水用于生产乳化沥青及冷再生混合料时，不应含有油污、泥和其他有害杂质，且经试验验证不影响产品性能和工程质量。

5.7 RAP

5.7.1 RAP 检测项目与质量要求见表 5.7.1。

表 5.7.1 RAP 检测项目

材料	检测项目	试验方法
RAP	含水率（%）	JTG F41—2008 附录 A
	RAP 级配（%）	
	沥青含量（%）	
	砂当量（%）	
RAP 中的沥青	针入度（1/10mm）	T 0604
	60℃黏度（Pa·s）	T 0625
	软化点（℃）	T 0606
	15℃延度（cm）	T 0605
RAP 中的粗集料[a]	针片状颗粒含量（%）	T 0312
	压碎值（%）	T 0316
RAP 中的细集料[b]	棱角性（s）	T 0334

注：[a]经过 9.5mm 筛孔预处理后粒径为 10～30mm 的集料。

[b]经过 9.5mm 筛孔预处理后粒径为 0～10mm 的集料。

5.7.2 用于中、下面层的 RAP，其沥青含量不应小于 3%，且回收沥青针入度不应小于 20（1/10mm）；用于基层的 RAP，其沥青含量不应小于 3%，或回收沥青针入度不应小于 20（1/10mm）。

5.7.3 乳化沥青厂拌冷再生混合料 RAP 料掺量不宜少于 60%，具体掺量应通过配合比设计确定。

6　配合比设计

6.1　一般规定

6.1.1　根据工程要求、交通等级、使用层位、气候条件，充分借鉴成功经验，选用符合要求的材料，进行再生混合料设计。

6.1.2　在满足本指南各项技术要求的前提下，尽量增大 RAP 在再生混合料中的比例。

6.1.3　目标配合比和生产配合比设计均应进行再生混合料路用性能检验。

6.2　配合比设计要求

6.2.1　矿料级配范围见表 6.2.1。选用设计级配范围时，应综合考虑交通量、公路等级、路面结构层位、压实最小厚度等因素。

表 6.2.1　再生混合料设计级配范围

筛孔（mm）	各筛孔的通过率（%）		
	基层、底基层	基层、中面层、下面层	中面层、下面层
37.5	100		
26.5	80 ~ 100	100	
19	—	90 ~ 100	100
13.2	60 ~ 80	—	90 ~ 100
9.5	—	60 ~ 80	60 ~ 80
4.75	25 ~ 60	35 ~ 65	45 ~ 75
2.36	15 ~ 45	20 ~ 50	25 ~ 55
0.3	3 ~ 20	3 ~ 21	6 ~ 25
0.075	1 ~ 7	2 ~ 8	2 ~ 10

6.2.2 再生混合料设计指标要求见表6.2.2。

表6.2.2 再生混合料设计指标要求

试验项目	单位	技术要求			试验方法
空隙率	%	9~14			T 0709
劈裂强度（15℃）[a]，不小于	MPa	层位	重交通及以上等级	中、轻交通	T 0716
		中下面层	0.60	0.50	
		基层、底基层	0.50	0.40	
马歇尔稳定度（40℃）[a]，不小于	kN	层位	重交通及以上等级	中、轻交通	T 0709
		中下面层	7.0	6.0	
		基层、底基层	6.0	5.0	

注：[a] 任选劈裂强度试验和马歇尔稳定度试验之一作为设计要求，推荐使用劈裂试验。

6.2.3 冷再生混合料中乳化沥青添加量折合成纯沥青后占混合料其余部分干质量的百分比一般为1.8%~3.5%，水泥剂量不宜超过2.0%。

6.2.4 冷再生混合料路用性能应符合表6.2.4的有关规定。

表6.2.4 乳化沥青冷再生混合料路用性能技术要求

技术指标	单位	技术要求		试验方法
		重交通及以上等级	中、轻交通	
干湿劈裂强度比（15℃），不小于	%	80	75	T 0716
浸水马歇尔试验残留稳定度（40℃）	%	80	75	T 0709
冻融劈裂强度比TSR，不小于	%	75	70	T 0729
动稳定度（60℃）[a]	次/mm	≥2 000		T 0719

注：[a] 下面层应进行动稳定度检验，其他层位不要求。

6.3 目标配合比设计

6.3.1 目标配合比设计流程

再生混合料目标配合比设计流程见图6.3.1。

6.3.2 矿料组成设计

6.3.2.1 确定RAP、新集料等各组成材料的级配。

6.3.2.2 以RAP为基础，掺加不同比例的新集料，使合成级配满足表6.2.1的要求。

6.3.2.3 水泥宜外掺，根据设计路段的交通量来确定水泥用量，对重载及以上交通量路段宜适当增大水泥用量。

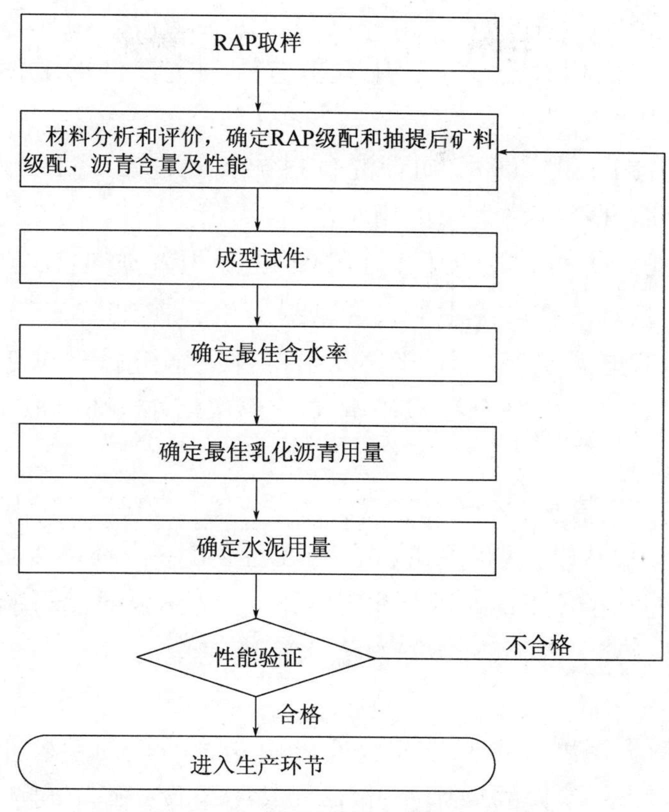

图 6.3.1 再生混合料配合比设计流程

6.3.3 确定最佳含水率（OWC）

6.3.3.1 参照《公路土工试验规程》（JTG E40—2007）T 0131 的方法，对合成矿料进行击实试验，确定最佳含水率。

6.3.3.2 乳化沥青试验用量可定为 4%，水泥用量采用 1.5%，变化外加水量进行击实试验，最大干密度对应的含水率即为最佳含水率（OWC）。

6.3.4 确定最佳乳化沥青用量（OEC）

6.3.4.1 以预估的乳化沥青用量为中值，按照 0.5% 的间隔变化形成 5 个乳化沥青用量，保持最佳含水率（OWC）不变，水泥用量采用 1.5%，按照以下方法制备马歇尔试件。

a） 按设计级配要求称量 RAP、新集料和水泥，加入拌和锅中，干拌 60s；

b） 按设计的外加水量加水，拌和均匀，拌和时间一般为 60s；

c） 按设计的乳化沥青量加入乳化沥青，拌和均匀，拌和时间一般为 60s；

d） 将拌和均匀的混合料装入试模，放到马歇尔击实仪上，试样双面各击实 50 次或 75 次（小马歇尔试件或大马歇尔试件）；

e） 将试样连同试模一起侧放在 60℃ 的鼓风烘箱中养生至恒重，养生时间一般不少于 40h；

f） 将试模从烘箱中取出，试样应立即放置到马歇尔击实仪上，双面各击实 25 次或 37 次（小马歇尔试件或大马歇尔试件），然后侧放在地面上，在室温下冷却至少 12h 后脱模。

6.3.4.2 宜采用《公路工程沥青及沥青混合料试验规程》（JTG E20—2011）T 0707 蜡封法测定试件的毛体积相对密度 γ_f；用其他方法测定试件的毛体积密度前，应用该试验方法进行验证。

6.3.4.3 采用《公路工程沥青及沥青混合料试验规程》（JTG E20—2011）T 0711 真空法实测各组再生混合料的最大理论相对密度 γ_t。

6.3.4.4 将各组试件进行马歇尔稳定度试验。试验按照 JTG E20 中 T 0709 进行，40℃马歇尔稳定度试验时，将试件用塑料袋密封养生，在 25℃ ±2℃室内环境下放置至少 47.5h，浸泡在 40℃恒温水浴中 0.5h，取出试件立即进行马歇尔稳定度试验；浸水马歇尔稳定度试验时，将试件完全浸泡在 40℃恒温水浴中 48h，取出试件立即进行马歇尔稳定度试验。

6.3.4.5 将各组试件进行劈裂试验。试验按照 JTG E20 中 T 0716 进行，15℃干劈裂强度试验时，将试件用塑料袋密封养生，在 25℃ ±2℃室内环境下放置 23h 后，浸泡在 15℃恒温水浴中 1h，取出试件立即进行劈裂试验；湿劈裂强度试验时，将试件完全浸泡在 25℃恒温水浴中 23h，然后在 15℃恒温水浴中完全浸泡 1h，取出试件立即进行劈裂试验。

6.3.4.6 依据干劈裂强度（或马歇尔稳定度）最大，同时兼顾干湿劈裂强度比（或浸水马歇尔残留稳定度）较大的原则，并结合工程经验，确定再生混合料的最佳乳化沥青用量。

6.3.5 确定水泥用量

6.3.5.1 以预估的水泥用量为中值，按照 0.5% 间隔变化 5 个水泥用量，保持最佳含水率和乳化沥青用量不变，进行劈裂试验或马歇尔稳定度试验。

6.3.5.2 依据干劈裂强度（或马歇尔稳定度）满足表 6.2.2 的要求，同时兼顾干湿劈裂强度比（或浸水马歇尔残留稳定度）较大的原则，并结合工程经验，确定再生混合料的最佳水泥用量。

6.3.6 路用性能检验

6.3.6.1 冻融劈裂强度比和浸水马歇尔残留稳定度试验

冻融劈裂试件成型的击实次数为双面各击实 50 次或 75 次（小马歇尔试件或大马歇尔试件），然后按照《公路工程沥青及沥青混合料试验规程》（JTG E20—2011）T 0729 对混合料性能进行检验，冻融劈裂强度比试验结果应满足表 6.2.4 的要求。

浸水马歇尔残留稳定度试件成型的击实次数为双面各击实 75 次或 112 次（小马歇尔试件或大马歇尔试件），然后按照《公路工程沥青及沥青混合料试验规程》（JTG E20—2011）T 0709 对混合料性能进行检验，浸水马歇尔残留稳定度试验结果应满足表 6.2.4 的要求。

6.3.6.2 动稳定度试验

冷再生混合料用作中、下面层时应进行动稳定度试验。按照《公路工程沥青及沥青混合料试验规程》（JTG E20—2011）T 0703 轮碾法成型 80mm 厚的冷再生混合料车辙板块试件，碾压完成后迅速将试件放置到 60℃鼓风烘箱中烘干至恒重（48h 左右），再按照《公路工程沥青及沥青混合料试验规程》（JTG E20—2011）T 0719 进行动稳定度试验，试验前试件保温时间为 5 ~ 6h。试验结果应满足表 6.2.4 的要求。

6.3.7 目标配合比设计报告

目标配合比设计报告内容应包括：乳化沥青检测结果，水泥检测结果，RAP 中沥青含量及性能指标，设计级配范围及级配曲线，试件成型方法，最佳含水率，最佳乳化沥青用量和水泥用量，性能检验等内容。

6.4 生产配合比设计

6.4.1 根据目标配合比确定的各档材料比例，对拌和设备进行调试和标定，在传送带上截取 1m 左右的混合料，进行筛分试验，确定各个料仓的进料速度。0.075mm、2.36mm、4.75mm、9.5mm 和公称最大粒径通过率应接近目标配合比。

6.4.2 分别按目标配合比确定的最佳乳化沥青用量等间隔 ±0.5% 进行混合料试拌，通过室内试验确定生产配合比的最佳乳化沥青用量。

6.4.3 通过试拌试铺，观察混合料的级配和油石比、成型路面表面状况等，判断混合料的级配、乳化沥青用量、含水率及水泥用量是否合适，如不合适，适当调整后重新试拌试铺。

6.4.4 以生产配合比设计的结果为依据，综合考虑施工过程的气候条件，对冷再生混合料的含水率可增减 ±0.5% 。

6.4.5 最大干密度以最终确定的生产配合比马歇尔击实试验结果为标准。

7 施工

7.1 一般规定

7.1.1 再生混合料摊铺不宜在雨季进行。当路面滞水或潮湿时，不应摊铺再生混合料。摊铺作业遇降雨时，宜对未完成碾压路段进行遮盖。

7.1.2 超过水泥初凝时间或完全破乳后的再生混合料应废弃。拌和到摊铺之间的时间宜控制在2h以内。

7.1.3 乳化沥青厂拌冷再生层单层压实厚度不宜小于80mm，且不宜大于160mm。用作基层时，压实厚度不宜小于100mm；用作中、下面层时，压实厚度应大于设计级配公称最大粒径的3倍。

7.2 施工准备

7.2.1 施工机械

开工前必须配备齐全的施工机械和配件，并做好开工前机械的保养以及试机工作，且能够保证在施工期间一般不发生有碍施工进度和质量的故障。施工机械主要包括拌和、运输、摊铺和压实机械。乳化沥青厂拌冷再生沥青路面主要施工机械设备配置如表7.2.1所示。

表7.2.1 乳化沥青厂拌冷再生主要机械设备及辅助器具表

工序	机械设备名称	规格、型号	单位	数量	备　注
筛分	筛分机	振动筛	台	1	
拌和	拌和机	500型以上	台	1	有效拌缸长度大于3m、连续式、自动电子计量
	发电机组	功率满足拌和设备正常生产的需要		满足需要	停电后备用
	装载机	ZL50或性能相当		满足需要	
运输	自卸汽车	20t以上		满足需要	
摊铺	摊铺机	ABG423型性能相当及其以上	台	1	自动找平，且同一工作面摊铺机同型号

续上表

工序	机械设备名称	规格、型号	单位	数量	备　注
碾压	单钢轮振动压路机	22t 以上	台	2	
	双钢轮振动压路机	11t 以上	台	2	
	胶轮压路机	25t 以上	台	2	
	小型手扶式振动压路机	2t		满足需要	夯实边角，台背
接缝	切割机		台	1	

注：以上机械设备为一个工作面（单车道）要求，每增加一个车道需增加一台单钢轮振动压路机。根据工期要求确定作业面的数量。

7.2.2 下承层表面清理及检查

再生混合料铺筑前，应清除下承层表面杂物和浮料，保持表面洁净。除几何线形外，应重点检测下承层的强度和平整度是否符合要求，原下承层的病害是否处理彻底，是否按要求喷洒透层油或黏层油。达到合格标准后方能进行再生作业。

7.2.3 支模板

应在边部支模板挡护；半幅施工半幅通车时，应在中缝部位支模板挡护。

7.3 铺筑试验路

7.3.1 试铺段应选择在经验收合格的下承层上进行，按照施工组织设计的方案选择几种碾压形式进行验证，每一种方案试验长度不小于200m。

7.3.2 乳化沥青厂拌冷再生结构层试验段铺筑应分试拌和试铺，主要确定以下内容：

1 确定拌和机各料仓分配、上料速度等工作参数；

2 确定合理的施工机械数量、运输线路和人员组织；

3 验证再生混合料配合比设计结果；

4 确定再生层松铺系数和松铺厚度，用灌砂法测定湿密度和含水率；

5 确定碾压机械组合及碾压遍数。

7.3.3 试验段检测

试铺段的检验频率应是标准中规定正式铺筑路面的2~3倍。通过试铺进一步观察混合料的拌和、摊铺、碾压等工艺性能。取样进行混合料的性能试验，检查是否满足设计要求。对路面结构层进行检测，通过马歇尔试验、抽提试验、性能试验、表观评价，综合评价配合比是否合理，必要时作相应的调整，作为最终标准配合比。

7.4 施工流程

乳化沥青厂拌冷再生施工流程，如图7.4所示。

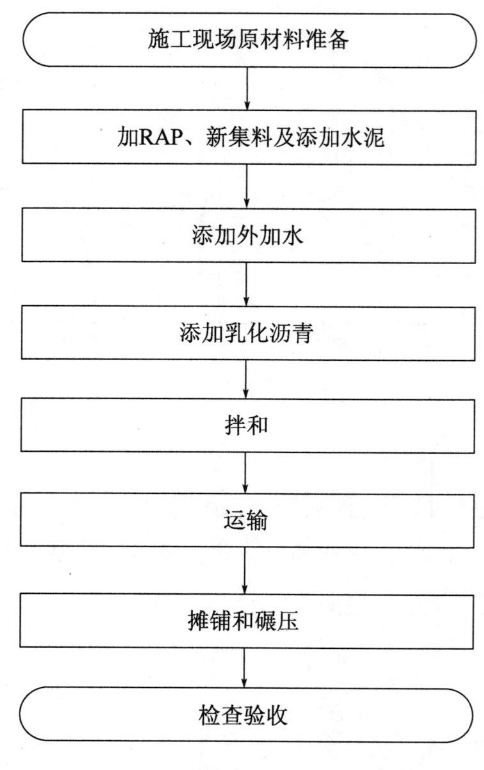

图 7.4　乳化沥青厂拌冷再生施工流程图

7.5　拌和

7.5.1　根据集料规格及配合比需要，拌和设备应配备 4 ~ 5 个冷料仓、1 个矿粉罐、1 个水泥罐、1 个乳化沥青罐和 1 个水罐。料仓隔板高度不应低于 80cm，冷料仓和输送带应设置防雨设施。拌和设备应满足计量要求，集料计量精度宜控制在 ±2%，水泥、矿粉计量精度宜控制在 ±0.3%，水和乳化沥青计量精度宜控制在 ±0.2%。

7.5.2　生产前，实时检测料场 RAP 及新集料的含水率，确定外加水量。

7.5.3　拌和完成后冷再生混合料应均匀一致，表面呈褐色，无明显水流淌，均匀分散无结团，拌和时间由试拌确定。

7.6　运输

7.6.1　运料车的数量，应根据拌和站生产能力、运输距离、道路状况、车辆吨位综合确定。运输车辆应车况良好，车身不宜过长，应具有尽可能大的倾卸角。车槽四角应密封坚固，车厢内保持洁净。

7.6.2　运料车每次使用前后必须清扫干净，可在车厢板上喷涂隔离剂防止混合料黏结。

7.6.3 运料车装料时应多次挪动汽车位置，平衡装料，减少混合料离析。

7.6.4 运料车应用苫布覆盖，防止混合料破乳、污染、中途淋雨。

7.6.5 拌和后的再生混合料应立即运至现场施工，运输途中不得随意停留。

7.6.6 再生混合料正常施工过程中摊铺机前方应有运料车等候，避免出现摊铺机等待料车的情况，保证连续摊铺。

7.7 摊铺

7.7.1 厂拌冷再生混合料应采用履带式摊铺机摊铺。

7.7.2 摊铺机必须缓慢、均匀、连续不断地摊铺，不得随意变换速度或者中途停顿。摊铺速度宜控制在 2 ~ 4m/min 的范围内。当发现混合料出现明显的离析、波浪、裂缝、拖痕时，应分析原因，予以消除。

7.7.3 摊铺过程中的缺陷可由人工进行局部找补或更换混合料，但须仔细进行，特别严重的缺陷应整层铲除。

7.8 碾压

7.8.1 根据再生层厚度、压实度等的需要，配备足够数量、吨位的钢轮压路机、轮胎压路机。

7.8.2 宜根据试验段确定的压实工艺进行碾压。可参照表 7.8.2 的碾压工艺实施，并根据碾压效果在试验段实施过程中予以调整。

表 7.8.2　建议碾压工艺

碾压工序	压路机类型	碾压遍数	速度	
			km/h	m/min
初压	单钢轮振动式压路机	静压 2 遍	1.5 ~ 3	25 ~ 50
		高频低幅振压 1 ~ 2 遍	1.5 ~ 2	25 ~ 50
复压	轮胎式压路机	揉压 6 ~ 8 遍	2 ~ 4	33 ~ 67
	单钢轮振动式压路机	振压 4 遍	2 ~ 4	33 ~ 67
终压	单钢轮振动式压路机	静压 2 遍	2 ~ 4	33 ~ 67

7.8.3 碾压应遵循“紧跟慢压”的原则，碾压过程中，再生层表面应始终保持湿润，碾压结束时表面应有一层水膜。

7.8.4 直线段和不设超高的平曲线段，应由两侧路肩向路中心碾压；设超高的平曲线段，应由内侧路肩向外侧路肩碾压。

7.8.5 严禁压路机在刚完成碾压或正在碾压的路段上调头、紧急制动和停放。

7.9 工作缝的处理

7.9.1 横向接缝处从完全压实的路段一侧沿接缝方向反复碾压，并逐渐移向新铺面。

7.9.2 应避免纵向接缝，若分幅梯形摊铺时，宜采用两台摊铺机一前一后相隔约5～10m同步向前摊铺混合料，并一起进行碾压。

7.9.3 纵向接缝应垂直，并在已成型界面涂刷薄层乳化沥青。纵向接缝处相邻两幅作业面间的重叠宽度不宜小于100mm，碾压方法同横向接缝。

7.10 养生及开放交通

7.10.1 冷再生层宜在封闭交通条件下自然养生。在封闭交通养生48h后，可根据工程需要允许小型车辆通行，但应严格限制重型车辆。车辆行驶速度应控制在40km/h以内，并严禁车辆在再生层上调头和紧急制动。

7.10.2 养生时间不宜少于3～7d，特殊情况下不得少于48h。当满足以下两个条件之一时，可结束养生：

1 再生层使用ϕ150mm钻头的钻芯机可取出完整的芯样；

2 再生层含水率低于2%。

7.10.3 在铺筑上层沥青层前应喷洒黏层。

8 施工质量管理与检查验收

8.1 再生设备的管理与检查

施工过程中应按照表8.1的要求对再生设备进行检查。

表8.1 乳化沥青冷再生设备的检查项目与频度

检查项目	要求	频度	方法
喷洒系统	检查乳化沥青、水喷洒系统是否正常，是否存在堵塞现象	随时	试喷和辅助相关仪表
料门开口比例	检查各料仓的开口比例是否正确	随时	机器上的仪表
机器的生产率	检查机器的生产率是否在规定的范围内	随时	机器上的显示器

8.2 原材料质量管理与检查

8.2.1 同一料源、同一次购入并运至生产现场（或储入同一储罐）的相同规格品种材料为一批。

8.2.2 施工前各种材料的检查项目和频度要求应符合表8.2.2的规定。

表8.2.2 施工前原材料质量检查项目与频度

材料	检查项目	要求值	检查频率
乳化沥青	5.2.2规定的项目	符合5.2.2要求	每批来料1次
新集料	5.3和5.4规定的项目	符合5.3和5.4条要求	每批来料1次
水泥	表5.5.2规定的项目	符合表5.5.2要求	每批来料1次
RAP	表5.7.1规定的项目	符合表5.7.1要求	每批来料1次

8.2.3 施工过程中各种材料的检查项目、频度和质量要求应符合表8.2.3的规定。

表8.2.3 施工过程中材料质量检查与要求

<table>
<tr><th>材料</th><th>检查项目</th><th>要求值</th><th>频度</th></tr>
<tr><td rowspan="2">乳化沥青</td><td>蒸发残留物含量（%）</td><td rowspan="4">符合5.2.2要求</td><td>随时，每批不少于1次</td></tr>
<tr><td>5.2.2中规定的其他项目</td><td rowspan="3">每批1次</td></tr>
<tr><td rowspan="2">新集料</td><td>砂当量（%）</td></tr>
<tr><td>压碎值（%）</td></tr>
</table>

续上表

<table>
<tr><th>材　料</th><th>检查项目</th><th>要求值</th><th>频　度</th></tr>
<tr><td rowspan="2">新集料</td><td>级配</td><td>符合 5.2.2 要求</td><td>每批 1 次</td></tr>
<tr><td>含水率（%）</td><td rowspan="2">实测</td><td rowspan="2">随时，每天不少于 1 次</td></tr>
<tr><td rowspan="2">RAP</td><td>含水率（%）</td></tr>
<tr><td>表 5.7.1 规定的其他项目</td><td rowspan="2">符合本指南要求</td><td rowspan="2">每批 1 次</td></tr>
<tr><td>水泥</td><td>表 5.5.2 规定的项目</td></tr>
</table>

8.3　施工过程中材料质量检查与要求

施工过程的质量控制项目、频度和质量标准应符合表 8.3-1 的要求。外形尺寸检查项目、频度和要求应符合表 8.3-2 的要求。

表 8.3-1　施工过程的质量控制项目、频度和质量标准

<table>
<tr><th colspan="2">检查项目</th><th>质量要求</th><th>检验频率</th><th>检验方法</th></tr>
<tr><td colspan="2" rowspan="4">压实度（%）</td><td>≥88（高速公路、一级公路）</td><td rowspan="2">每公里每车道检查 2 次</td><td rowspan="2">钻孔，基于最大理论密度，T 0924</td></tr>
<tr><td>≥86（二级及二级以下公路）</td></tr>
<tr><td>≥98（高速公路、一级公路）</td><td rowspan="2">每 200m 检查 1 次</td><td rowspan="2">灌砂，基于实验室标准密度，T 0921</td></tr>
<tr><td>≥97（二级及二级以下公路）</td></tr>
<tr><td rowspan="2">劈裂试验（15℃）</td><td>劈裂强度（MPa）</td><td>符合表 6.2.2 要求</td><td rowspan="6">每 5km 或料源变化时</td><td>T 0716</td></tr>
<tr><td>干湿劈裂强度比（%）</td><td>符合表 6.2.4 要求</td><td>T 0716</td></tr>
<tr><td rowspan="2">马歇尔稳定度试验（40℃）</td><td>马歇尔稳定度（kN）</td><td>符合表 6.2.2 要求</td><td>T 0709</td></tr>
<tr><td>浸水马歇尔残留稳定度（%）</td><td>符合表 6.2.4 要求</td><td>T 0709</td></tr>
<tr><td colspan="2">冻融劈裂强度比 TSR（%）</td><td>符合表 6.2.4 要求</td><td>T 0729</td></tr>
<tr><td colspan="2">动稳定度（次/mm）</td><td>符合表 6.2.4 要求</td><td>T 0719</td></tr>
<tr><td colspan="2">矿料级配</td><td>符合设计要求</td><td>每工作日 1 次</td><td>T 0302</td></tr>
<tr><td colspan="2">含水率（%）</td><td>符合设计要求</td><td>每工作日 1 次</td><td>T 0801</td></tr>
<tr><td colspan="2">乳化沥青用量（%）</td><td>设计值 ±0.3</td><td>每工作日 1 次</td><td>总量控制</td></tr>
<tr><td colspan="2">水泥用量（%）</td><td>设计值 ±0.3</td><td>每工作日 1 次</td><td>总量控制</td></tr>
</table>

表 8.3-2　外形尺寸检查项目、频度和要求

<table>
<tr><th rowspan="2">检查项目</th><th colspan="2">质量要求</th><th rowspan="2">检验频率</th><th rowspan="2">检验方法</th></tr>
<tr><th>高速公路、一级公路</th><th>二级及二级以下公路</th></tr>
<tr><td>平整度最大间隙（mm）</td><td>6（中下面层）；8（基层）</td><td>8（中下面层）；10（基层）</td><td>接缝处单杆测量</td><td>T 0931</td></tr>
<tr><td>厚度（mm）</td><td>设计厚度的 －5%（中下面层）；设计厚度的 －8%（中下面层）</td><td>设计厚度的 －8%（中下面层）；设计厚度的 －15%（中下面层）</td><td>随时</td><td>插入测量</td></tr>
</table>

续上表

检查项目	质量要求		检验频率	检验方法
	高速公路、一级公路	二级及二级以下公路		
纵断面高程（mm）	±10		检查每个断面	T 0911
宽度（mm）	不小于设计宽度，边缘线整齐，顺适		检查每个断面	T 0911
横坡度（%）	±0.3	±0.4	检查每个断面	T 0911
外观	表面平整密实，无浮石、弹簧现象，无明显压路机轮迹		随时	目测

8.4 交工验收阶段工程质量检查与验收

用作基层时，按表8.4-1的要求进行交工验收阶段工程质量检查与验收；用作中、下面层时，按表8.4-2的要求进行交工验收阶段工程质量检查与验收。

表8.4-1 交工验收阶段工程质量检查与验收（基层）

检查项目		质量要求	检验频率	检验方法
		高速公路、一级公路		
压实度（%）	代表值	≥88（钻孔，最大理论密度）	每200m每车道1个点	T 0924
	极值	比代表值放宽1%（每km）或2%（全部）		
平整度最大间隙（mm）		8	接缝处单杆测量	T 0931
平整度标准差（mm）		1.8	连续测量	T 0932
厚度（mm）	代表值	设计厚度的-8%	每200m每车道1个点	T 0912
	极值	设计厚度的-15%		
纵断面高程（mm）		±10	每50m每车道1个点	T 0911
宽度（mm）		不小于设计宽度，边缘线整齐，顺适	每50m每车道1个点	T 0911
横坡度（%）		±0.3	每50m每车道1个点	T 0911
外观		表面平整密实，无浮石、弹簧现象，无明显压路机轮迹	随时	目测

表8.4-2 交工验收阶段工程质量检查与验收（中、下面层）

检查项目		质量要求		检验频率	检验方法
		高速公路、一级公路	二级及二级以下公路		
压实度（%）	代表值	≥88（钻孔，最大理论密度）	≥86（钻孔，最大理论密度）	每200m每车道1个点	T 0924
	极值	比代表值放宽1%（每km）或2%（全部）			
平整度最大间隙（mm）		6	8	接缝处单杆测量	T 0931
平整度标准差（mm）		1.2	2.5	连续测量	T 0932
厚度（mm）	代表值	设计厚度的-5%	设计厚度的-8%	每200m每车道1个点	T 0912
	极值	设计厚度的-8%	设计厚度的-15%		
纵断面高程（mm）		±10		每50m每车道1个点	T 0911

续上表

检 查 项 目	质 量 要 求		检 验 频 率	检验方法
	高速公路、一级公路	二级及二级以下公路		
宽度（mm）	不小于设计宽度，边缘线整齐，顺适		每 50m 每车道 1 个点	T 0911
横坡度（%）	±0.3	每 50m 每车道 1 个点	每 50m 每车道 1 个点	T 0911
外观	表面平整密实，无浮石、弹簧现象，无明显压路机轮迹		随时	目测
渗水系数	不大于 200mL/min		每 1km 不少于 5 点，每点 3 处取平均值评定	T 0971

附录 A　RAP 试验评价

A.1　含水率

根据烘干前后 RAP 质量的变化，按照下式计算 RAP 的含水率 w。试验方法参照《公路工程集料试验规程》（JTG E42—2005）T 0305，烘箱加热温度调整为 60℃恒温。

$$w = \frac{W_w - W_d}{W_d} \times 100\%$$

式中：W_w——回收的旧沥青混合料质量，g；

W_d——回收的旧沥青混合料烘干至恒重的质量，g。

A.2　级配

对 RAP 进行筛分试验，确定 RAP 的级配。试验方法参照《公路工程集料试验规程》（JTG E42—2005）T 0327，材料加热温度调整为60℃恒温，采用干筛法。

A.3　砂当量

对回收沥青路面材料（RAP）中 4.75mm 以下的颗粒进行砂当量检测。试验方法按照《公路工程集料试验规程》（JTG E42—2005）T 0334。

A.4　沥青含量和技术指标

1　按照《公路工程沥青及沥青混合料试验规程》（JTG E20—2011）T 0726 阿布森法从沥青混合料中回收沥青。若采用其他方法，需要进行重复性和复现性试验，并进行空白沥青标定。

2　检测沥青含量和回收沥青的25℃针入度、60℃黏度、软化点、15℃延度。

3　具有下列情形之一的，必须进行空白沥青标定：更换阿布森沥青回收设备时；更换三氯乙烯品种或供应商时；回收沥青性能异常时；沥青混合料来源发生变化时。

4　精度与允许误差

重复性试验的允许误差为：针入度≤5（0.1mm）、黏度≤平均值的 10%、软化点≤2.5℃，复现性试验的允许误差为：针入度≤10（0.1mm）、黏度≤平均值的 15%、软化点≤5.0℃。如果超出允许误差范围，则应弃置回收沥青，重新标定、回收。

A. 5 RAP 中矿料级配和集料技术指标

1 将抽提试验后得到的矿料烘干，待矿料降到室温后，用标准方孔筛进行筛析试验，确定 RAP 中的旧矿料级配。RAP 的沥青含量与级配也可以采用燃烧法确定，若在燃烧过程中集料由于高温导致破碎，则不适宜采用该法。

2 RAP 中集料性质，按照相关的规范标准进行检测。

附录B　乳化沥青厂拌冷再生配合比设计应用实例

B.1　项目简介

G108渭南段全长62km，公路等级为二级，路面宽度为11.4m，实施乳化沥青厂拌冷再生起止桩号为K1108+000～K1113+800，全长5.8km。原路面病害较严重，主要表现为大面积龟裂和局部沉陷，严重的不规则裂缝、沉陷、拥包、车辙和坑槽。该段公路于2007年进行了大修处治，现路面结果为（3+4）cm沥青混凝土路面+20cm二灰碎石基层。本次施工方案为：铣刨7cm原路面沥青混凝土，铺筑10cm乳化沥青厂拌冷再生+4cmAC-13改性沥青混凝土。

B.2　回收沥青路面材料（RAP）评价

B.2.1　RAP抽提后集料技术指标

RAP料为2016年大中修工程G108渭南段路面现场铣刨料。回收料技术指标见表B.2.1-1。

表B.2.1-1　RAP料集料技术性质

技术指标	公路沥青路面施工技术规范要求值	公路沥青路面再生技术规范要求值	实测值
压碎值	≤30	实测	28.0
磨耗值	≤35	—	28.3
棱角性（细集料）	实测	实测	24.5
RAP料的砂当量	>50	>55	65

从抽提后的集料压碎值、磨耗值、棱角性和砂当量看以看出，RAP料中的集料满足规范要求，但是由于该路段车流量和交通荷载大，集料强度有一定衰减，建议加入新的骨料，提高混合料的整体强度。

旧沥青混合料提取沥青后，对余下的集料按《公路工程集料试验规程》（JTG E42—2005）的要求进行筛分试验。从铣刨料中取得有代表性的样品，室内进行筛分试验（干筛），其筛分结果见表B.2.1-2。

表B.2.1-2　铣刨回收沥青路面材料（RAP）筛分结果

筛孔尺寸（mm）	26.5	19.0	9.5	4.75	2.36	0.3	0.075
通过率（%）	100	94.1	68.8	39.3	19.9	8.8	1.7

采用抽提试验检测 RAP 的沥青含量和级配组成，由试验结果表明沥青含量为4.6%。

B.2.2 RAP中回收旧沥青技术指标

采用《公路工程沥青及沥青混合料试验规程》（JTG E20—2011）脂肪抽提器法（T 0724—1993）测定沥青混合料中的沥青含量，阿布森法用于回收沥青，然后进行回收沥青的物理性能指标试验。

RAP中的沥青含量为4.6%，对回收沥青的物理指标进行检测，见表B.2.2。

表 B.2.2 回收沥青物理指标

测试指标	25℃针入度（0.1mm）	15℃延度（cm）	软化点（℃）	60℃黏度（Pa·s）
实测值	36.5	8.9	82	3 255
A-70 技术要求	60~80	>100	≥46	≥180

通过对RAP级配和回收沥青的检测，结合G108的交通情况、乳化沥青冷再生层强度形成机理及影响因素综合考虑，G108乳化沥青冷再生混合料须添加一定量的粗骨料和增大水泥胶结料用量来提高再生层的承载力。

B.3 乳化沥青冷再生配合比设计

B.3.1 乳化沥青冷再生混合料设计技术要求

《公路沥青路面再生技术规范》（JTG F41—2008）中对乳化沥青冷再生混合料的设计要求见表B.3.1。

表 B.3.1 乳化沥青冷再生混合料设计技术要求

试验项目		技术要求
空隙率		9~14
劈裂试验（15℃）	劈裂强度（MPa），不小于	0.40（基层、底基层）、0.50（下面层）
	干湿劈裂强度比（%），不小于	75
马歇尔稳定度（40℃）	马歇尔稳定度（kN）	5.0（基层、底基层）、6.0（下面层）
	马歇尔残留稳定度（%）	75
冻融劈裂强度比TSR（%），不小于		70

B.3.2 原材料检测

B.3.2.1 乳化沥青

采用的乳化沥青的各项指标见表B.3.2.1。

表 B.3.2.1　慢裂中凝乳化沥青指标试验结果

指　　标		单位	实测值	技术要求	试验方法
破乳速度			慢裂	慢裂或中裂	T 0658
离子电荷			+	阳离子（+）	T 0652
筛上残留物（1.18mm 筛）		%	0.04	≤0.1	T 0652
恩格拉黏度（25℃）			3	2～30	T 0621
蒸发残留物	残留分含量	%	65	≥62	T 0651
	针入度（25℃，100g，5s）	0.1mm	85	50～300	T 0604
	延度（15℃，5cm/min）	cm	>100	≥40	T 0605
	溶解度	%	98.7	≥97.5	T 0606
与粗集料的黏附性，裹覆面积			>2/3	≥2/3	T 0654
与粗、细集料拌和试验			均匀	均匀	T 0659
常温储存稳定性	1d	%	0.5	≤1	T 0655
	5d	%	3.7	≤5	

B.3.2.2　水泥

水泥作为再生结合料时，可以采用普通硅酸盐水泥、矿渣硅酸盐水泥、火山灰硅酸盐水泥等。本路段所用水泥为尧柏 P·O42.5 水泥，试验室测试指标见表 B.3.2.2。

表 B.3.2.2　水泥技术指标

项目	密度（g/cm^3）	细度（m^2/kg）	安定性	凝结时间（min）		抗折强度（MPa）		抗压强度（MPa）	
				初凝	终凝	3d	28d	3d	28d
质量要求	实测值	≥300	合格	≥45	≥600	≥3.5	≥6.5	≥17	≥42.5
检测结果	3.04	327	合格	181	248	4.8	9.6	26.4	50.2

B.3.2.3　铣刨回收沥青路面材料（RAP）

从铣刨料中取得有代表性的样品，室内进行筛分试验（干筛），结果见表 B.3.2.3。

表 B.3.2.3　铣刨回收沥青路面材料（RAP）筛分结果

筛孔尺寸（mm）	26.5	19.0	9.5	4.75	2.36	0.3	0.075
通过率（%）	100	94.1	68.8	39.3	19.9	8.8	1.7

B.3.2.4　新集料

对添加的两档新集料进行筛分试验，试验结果见表 B.3.2.4。

表 B.3.2.4　新集料筛分结果

规格粒径（mm）	通过下列各筛孔（mm）的质量百分率（%）						
	26.5	19	9.5	4.75	2.36	0.3	0.075
9.5～19	100.0	92.1	12.5	0.4	0.0	0.0	0.0
0～4.75	100.0	100.0	100.0	96.9	69.2	35.7	7.0

B.3.3 乳化沥青冷再生混合料目标配合比设计

B.3.3.1 合成级配设计

根据筛分结果进行矿料级配设计，级配设计见表 B.3.3.1，合成级配曲线见图 B.3.3.1。

表 B.3.3.1 乳化沥青冷再生试验级配设计

材料			通过率（%）						
筛孔尺寸（mm）			26.5	19.0	9.5	4.75	2.36	0.3	0.075
筛分结果	RAP	100%	100.0	94.1	68.8	39.3	19.9	8.8	1.7
	0～4.75mm	100%	100.0	100.0	100.0	96.9	69.2	35.7	7.0
	9.5～19mm	100%	100.0	92.1	12.5	0.4	0.0	0.0	0.0
级配设计	RAP	70.0%	70.0	65.9	48.2	27.5	14.0	6.2	1.2
	0～4.75mm	20.0%	20.0	20.0	20.0	19.4	13.8	7.1	1.4
	9.5～19mm	10.0%	10.0	9.2	1.2	0.0	0.0	0.0	0.0
合成级配		100.0%	100.0	95.1	69.4	47.0	27.8	13.3	2.6
要求级配中值			100.0	95.0	70.0	50.0	35.0	12.0	5.0
要求级配（中粒式）		级配下限	100.0	90	60	35	20	3	2
		级配上限	100.0	100	80	65	50	21	8

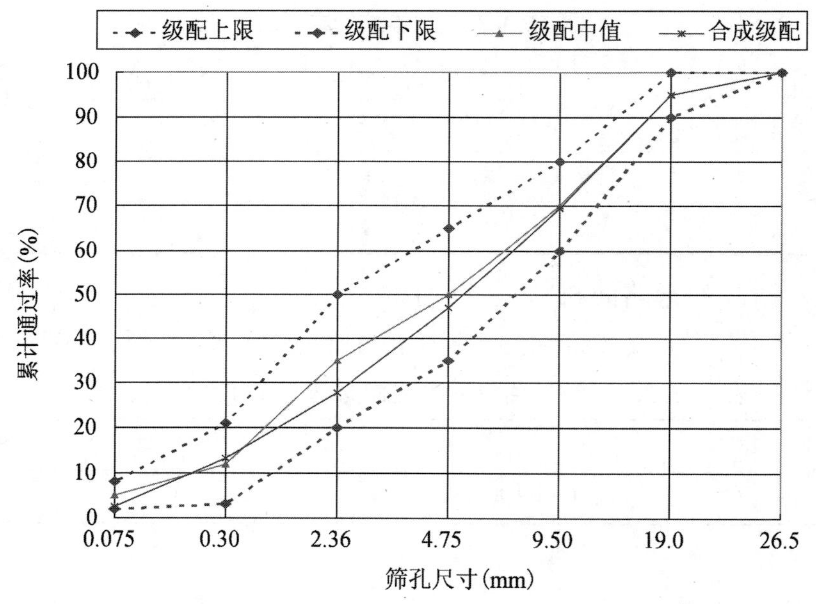

图 B.3.3.1 乳化沥青厂拌冷再生混合料合成级配曲线图

B.3.3.2 最佳含水率与最大干密度的确定

试验中水泥用量为矿料质量的 1.5%，乳化沥青用量为 4.0%，变化拌和水用量振动成型试件，确定最佳含水率，其试验结果见表 B.3.3.2。图 B.3.3.2 为振动成型试件干密度与含水率曲线图。

表 B. 3. 3. 2　振动成型干密度和含水率试验结果

	试验编号	1	2	3	4	5
干密度	盘质量（g）	394	412	410	256	504
	湿土质量（g）	6 463	6 512	6 531	6 473	6 553
	湿密度（g/cm³）	2. 15	2. 21	2. 25	2. 24	2. 18
	干密度（g/cm³）	2. 08	2. 13	2. 15	2. 13	2. 07
含水率	盘加干土重（g）	6 630	6 670	6 660	6 421	6 719
	盘质量（g）	394	412	410	256	504
	水质量（g）	227	254	281	308	338
	干土质量（g）	6 236	6 258	6 250	6 165	6 215
	含水率（%）	3. 64	4. 06	4. 50	5. 00	5. 44

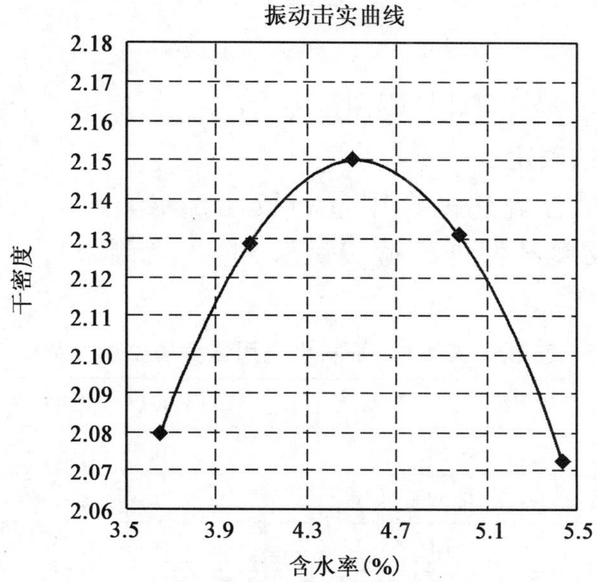

图 B. 3. 3. 2　振动成型试件干密度与含水量曲线图

由试验结果可知，4. 0% 乳化沥青用量下的最佳含水率为 4. 5%，乳化沥青的含水率以 35% 计算，则外加水量为 3. 1%。

B. 3. 3. 3　最佳乳化沥青用量

按《公路沥青路面再生技术规范》（JTG F41—2008）中成型和养生试件的方法制作试件，并进行劈裂强度试验，结果见表 B. 3. 3. 3 和图 B. 3. 3. 3。

表 B. 3. 3. 3　乳化沥青冷再生试件劈裂强度试验结果

乳化沥青用量（%）	拌和外加水量（%）	试件毛体积相对密度	实测最大理论相对密度	空隙率（%）	干劈裂强度（MPa）	湿劈裂强度（MPa）	干湿劈裂强度比（%）
3. 0	3. 45	2. 219	2. 509	11. 56	0. 52	0. 36	69. 1
3. 5	3. 28	2. 212	2. 498	11. 45	0. 57	0. 43	75. 4
4. 0	3. 10	2. 203	2. 486	11. 38	0. 59	0. 47	79. 3
4. 5	2. 93	2. 190	2. 467	11. 23	0. 56	0. 43	76. 8
5. 0	2. 75	2. 182	2. 456	11. 16	0. 51	0. 38	75. 5

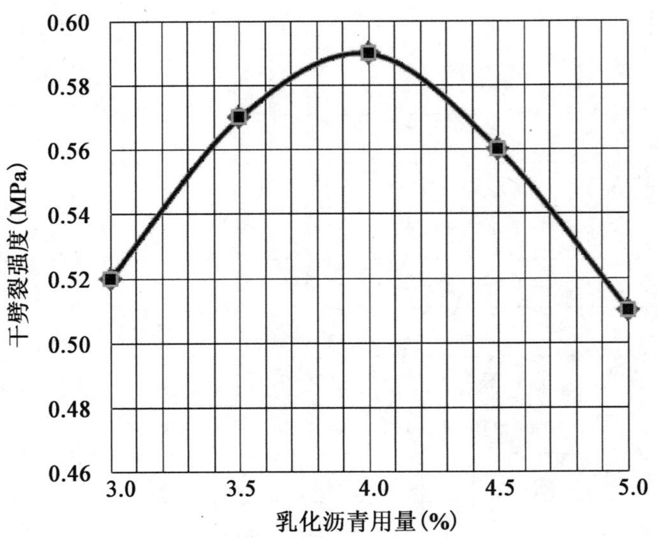

图 B. 3. 3. 3　劈裂强度试验结果

由图 B. 3. 3. 3 可知，最佳乳化沥青用量为 4. 0%，对应最大干劈裂强度为 0. 59MPa。

B. 3. 3. 4　水泥用量的确定

根据上面确定的最佳乳化沥青用量和最佳含水率，对 1. 0%、1. 5%、2. 0% 和 2. 5% 四种水泥用量成型试件进行劈裂试验和 7d 无侧限抗压强度，试验结果见表 B. 3. 3. 4-1 和表 B. 3. 3. 4-2。

表 B. 3. 3. 4-1　不同水泥用量劈裂试验结果

水泥用量（%）	干劈裂强度（MPa）	湿劈裂强度（MPa）	干湿劈裂强度比（%）
1. 0	0. 54	0. 39	72. 2
1. 5	0. 59	0. 47	79. 3
2. 0	0. 61	0. 49	80. 3
2. 5	0. 65	0. 53	81. 5

表 B. 3. 3. 4-2　7d 无侧限抗压强度试验结果

水泥用量（%）	荷载（kN）	强度（MPa）
1. 0	21. 372	1. 21
1. 5	22. 608	1. 28
2. 0	23. 844	1. 35
2. 5	25. 081	1. 42

随着水泥用量的增大，干湿劈裂强度比和 7d 无侧限抗压强度，也随之增大。水泥用量为 1. 0% 时，干湿劈裂强度比不满足规范要求，结合经济成本及柔性要求考虑，水泥用量采用 1. 5%。

B. 3. 3. 5　最佳乳化沥青用量下的冻融劈裂试验结果

水泥用量采用 1. 5%，在最佳乳化沥青用量和最佳含水率下成型试件，进行冻融劈裂试验验证，试验结果见表 B. 3. 3. 5。

表 B.3.3.5　冻融劈裂试验结果

指标名称	乳化沥青用量（%）	总含水量（%）	冻融试件劈裂强度（MPa）	未冻融试件劈裂强度（MPa）	冻融劈裂强度比（%）
实测值	4.0	4.5	0.38	0.45	84.4
规范值	—	—	—	—	≥70

由试验结果可知，试件的冻融劈裂强度及冻融劈裂强度比均满足《公路沥青路面再生技术规范》（JTG F41—2008）的要求。

因此，确定的目标配合比材料比例为铣刨料∶9.5～19mm∶0～4.75mm＝70∶10∶20，水泥用量为矿料质量的1.5%，乳化沥青用量为4.0%。

B.3.4　乳化沥青厂拌冷再生混合料生产配合比设计

B.3.4.1　合成级配设计

检测RAP及新矿料的级配组成，调整各种材料用量，最终确定乳化沥青冷再生生产配合比为粗铣刨料∶细铣刨料∶10～20mm∶0～5mm＝21∶48∶17∶14，合成矿料级配见图B.3.4.1、表B.3.4.1。

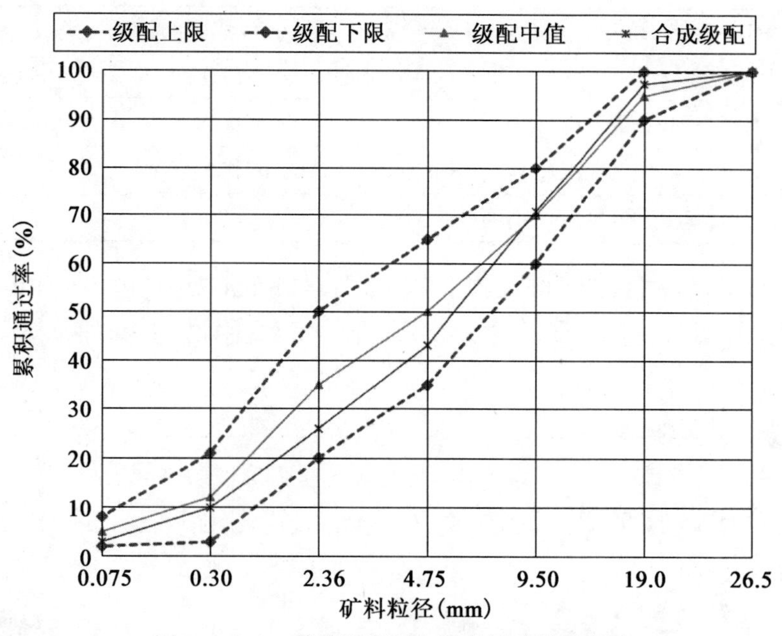

图B.3.4.1　乳化沥青再生混合料矿料级配图

表 B.3.4.1　乳化沥青再生混合料矿料级配计算表

材　料			通过下列筛孔的质量百分率（%）						
			26.5	19.0	9.50	4.75	2.36	0.30	0.075
原材料级配	粗铣刨料	100%	100	90.0	15.1	3.7	1.2	1.2	1.2
	细铣刨料	100%	100	100.0	95.1	49.8	22.7	3.3	0.6
	9.5～19mm	100%	100	93.8	17.9	4.0	0.0	0.0	0.0
	0～4.75mm	100%	100	100.0	100.0	99.7	79.2	23.2	11.0

续上表

材料			通过下列筛孔的质量百分率（%）						
			26.5	19.0	9.50	4.75	2.36	0.30	0.075
矿料比例	粗铣刨料	21.0%	21.00	18.9	3.2	0.8	0.3	0.3	0.3
	细铣刨料	52.0%	52.0	52.0	49.5	25.9	11.8	1.7	0.3
	9.5～19mm	13.0%	13.0	12.2	2.3	0.5	0.0	3.0	1.4
	0～4.75mm	14.0%	14.0	14.0	14.0	14.0	11.1	3.2	1.5
合成级配		100.0%	100.00	97.1	69.0	41.2	23.1	8.2	3.5
规范要求级配中值			100.0	95.0	70.0	50.0	35.0	12.0	5.0
再生规范要求级配范围		级配下限	100	90	60	35	20	3	2
		级配上线	100	100	80	65	50	21	8

B.3.4.2 最佳乳化沥青用量下的路用性能检测

在确定好生产配合比后，乳化沥青用量采用4%，水泥用量采用1.5%，进行室内试验，检测路用性能，结果见表B.3.4.2。

表B.3.4.2 乳化沥青冷再生混合料技术指标

试验项目		技术要求	检测结果
空隙率（%）		9～14	11.2
劈裂试验（15℃）	劈裂强度（MPa），不小于	0.50	0.68
	干湿劈裂强度比（%），不小于	75	89
冻融劈裂强度比TSR（%），不小于		70	81.3

因此，确定的生产配合比材料比例为粗铣刨料:细铣刨料:9.5～19mm:0～4.75mm＝21:48:17:14，水泥用量为矿料质量的1.5%，乳化沥青用量为4.0%。

B.4 试验段铺筑及检测

按照室内配合比试验结果，2016年7月进行了乳化沥青厂拌冷再生试验段铺筑，现场施工见图B.4-1。

图 B.4-1

图 B. 4-1　试验段施工

在结束养生后 7d，对试验段进行厚度、摩擦系数、渗水系数、压实度、平整度和弯沉值进行检测，钻取的芯样见图 B. 4-2，试验段现场检测见图 B. 4-3，检测结果符合本指南要求。

图 B. 4-2　钻取的芯样

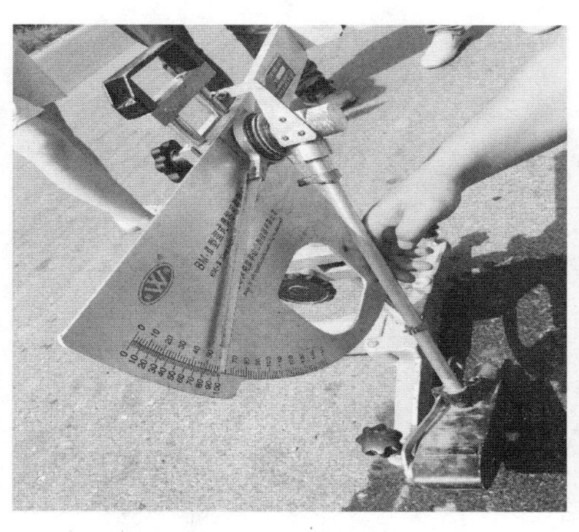

图　B. 4-3

图 B. 4-3　试验段现场检测

按照试验段情况，于 2016 年 7 ~ 8 月进行路面铺筑。通车近两年来的跟踪观测发现，路面未出现裂缝和其他病害，使用状况良好。